Impressum
Verlag: BABADADA GmbH, Nedderfeld 112 , 22529 Hamburg
Geschäftsführer / Verlagsleitung: Harald Hof
Druck: Books on Demand GmbH, In de Tarpen 42, 22848 Norderstedt

Imprint
Publisher: BABADADA GmbH, Nedderfeld 112 , 22529 Hamburg, Germany
Managing Director / Publishing direction: Harald Hof
Print: Books on Demand GmbH, In de Tarpen 42, 22848 Norderstedt

l'école
škola

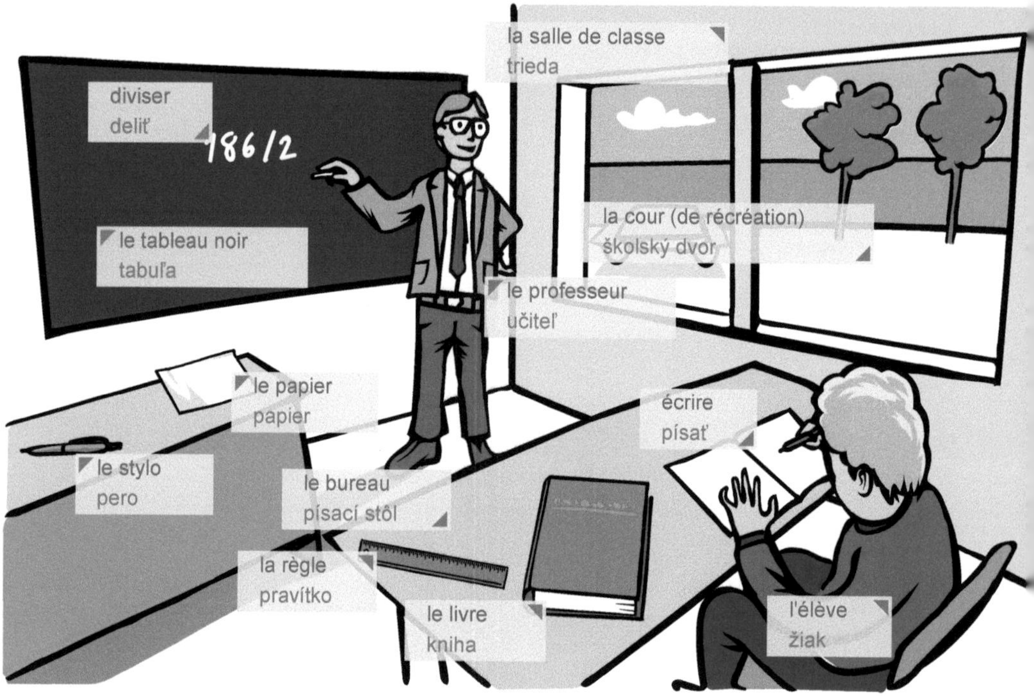
la salle de classe
trieda
diviser
deliť
186/2
le tableau noir
tabuľa
la cour (de récréation)
školský dvor
le professeur
učiteľ
le papier
papier
écrire
písať
le stylo
pero
le bureau
písací stôl
la règle
pravítko
le livre
kniha
l'élève
žiak

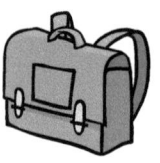

le cartable

školská taška

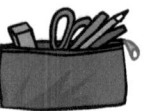

la trousse

peračník

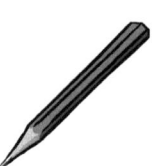

le crayon

ceruza

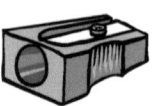

le taille-crayon

strúhadlo na ceruzky

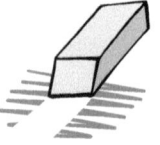

la gomme

guma

le carnet à dessin

skicár

le dessin
....
kresba

le pinceau
....
štetec

la boîte de peinture
....
vodové farby

les ciseaux
....
nožnice

la colle
....
lepidlo

le cahier d'exercices
....
cvičný zošit

les devoirs
....
domáca úloha

le chiffre
....
číslo

2+2

additionner
....
sčítať

5-2

soustraire
....
odčítať

multiplier
....
násobiť

calculer
....
počítať

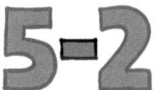

la lettre
....
písmeno

l'alphabet
....
abeceda

le mot
....
slovo

le texte

text

lire

čítať

la craie

krieda

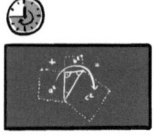

la leçon

hodina

le livre de classe

triedna kniha

l'examen

skúška

le certificat

certifikát

l'uniforme scolaire

školská uniforma

la formation

vzdelanie

le lexique

encyklopédia

l'université

univerzita

le microscope

mikroskop

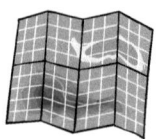

la carte

mapa

la corbeille à papier

kôš na papier

le voyage
cesta

l'hôtel
hotel
Grand
l'auberge
nocľaháreň
ROOMS
le bureau de change
zmenáreň
CHANGE
la valise
kufor
la voiture
auto

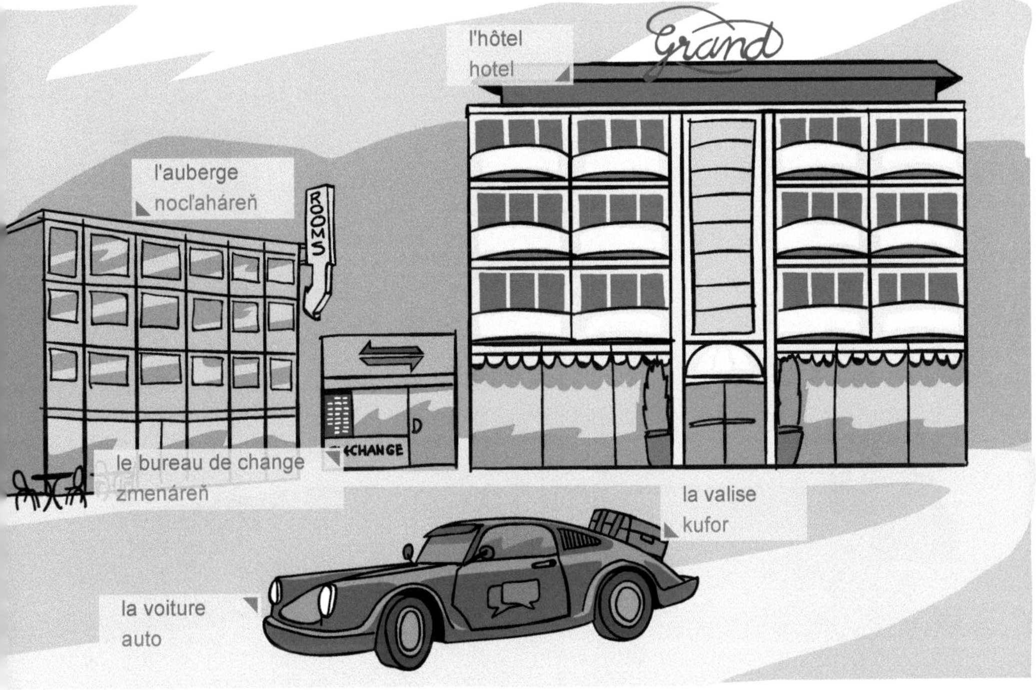

la langue

jazyk

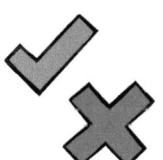

oui / non

áno/nie

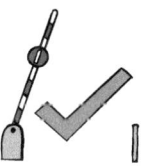

d'accord

v poriadku

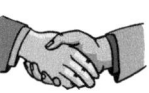

Salut

ahoj

l'interprète

prekladateľ

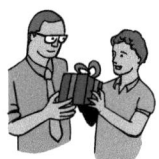

merci

ďakujem

Combien coûte...?

Koľko stojí ... ?

Je ne comprends pas

Nerozumiem

le problème

problém

Bonsoir !

Dobrý večer!

Bonjour !

Dobré ráno!

Bonne nuit !

Dobrú noc!

Au revoir

Dovidenia

la direction

smer

les bagages

batožina

le sac

taška

le sac-à-dos

batoh

l'hôte

hosť

la pièce

izba

le sac de couchage

spacák

la tente

stan

l'office de tourisme

informácie pre turistov

la plage

pláž

la carte de crédit

kreditná karta

le petit-déjeuner

raňajky

le déjeuner

obed

le dîner

večera

le billet

cestovný lístok

l'ascenseur

výťah

le timbre

poštová známka

la frontière

hranica

la douane

clo

l'ambassade

veľvyslanectvo

le visa

vízum

le passeport

cestovný pas

le transport
doprava

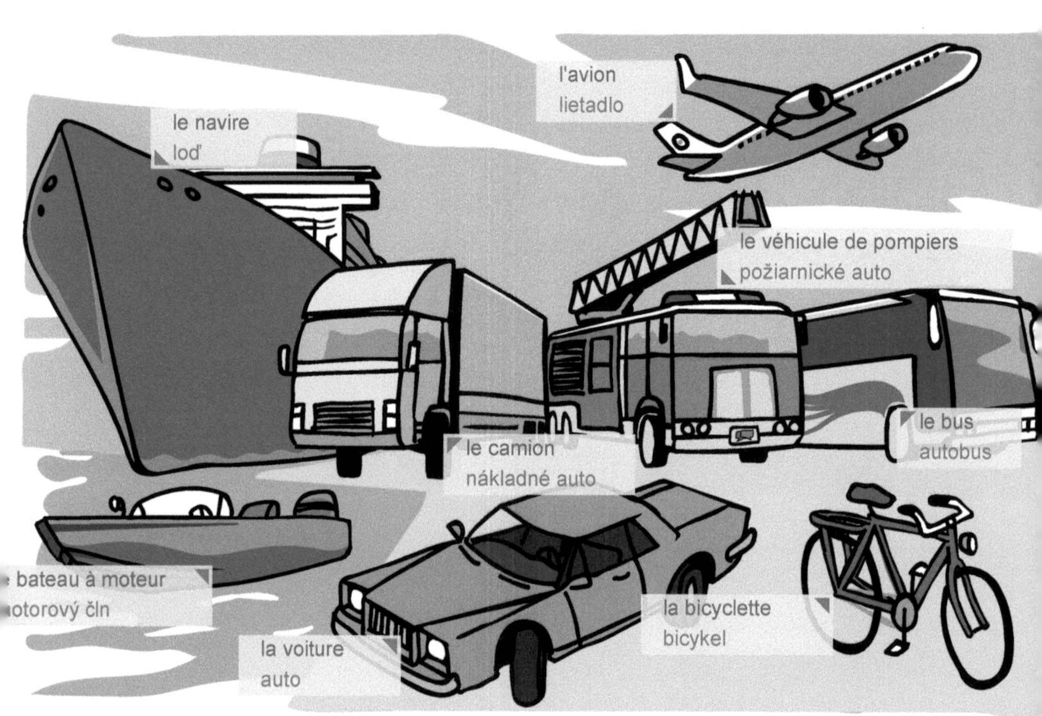

l'avion
lietadlo
le navire
loď
le véhicule de pompiers
požiarnické auto
le bus
autobus
le camion
nákladné auto
bateau à moteur
otorový čln
la bicyclette
bicykel
la voiture
auto

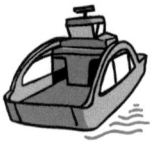

le ferry

trajekt

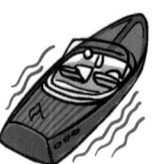

la barque

loď

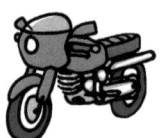

la moto

motorka

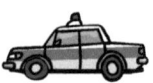

la voiture de police

policajné auto

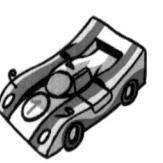

la voiture de course

pretekárske auto

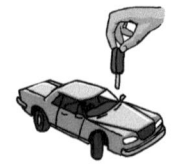

la voiture de location

vozidlo z požičovne

l'auto-partage

carsharing

la voiture de remorquage

odťahové auto

la benne à ordures

smetiarske auto

le moteur

motor

l'essence

benzín

la station d'essence

čerpacia stanica

le panneau indicateur

dopravná značka

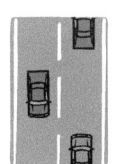

le trafic

premávka

l'embouteillage

zápcha

le parking

parkovisko

la gare

vlaková stanica

les rails

trate

le train

vlak

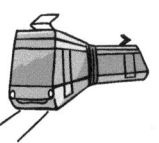

le tramway

električka

le wagon

vagón

l'hélicoptère

helikoptéra

l'aéroport

letisko

la tour

veža

le passager

pasažier

le conteneur

kontajner

le carton

kartón

le chariot

vozík

la corbeille

kôš

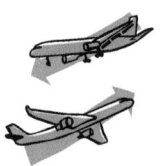

décoller / atterrir

štartovať / pristáť

la ville

mesto

le village

dedina

le centre-ville

centrum mesta

la maison

dom

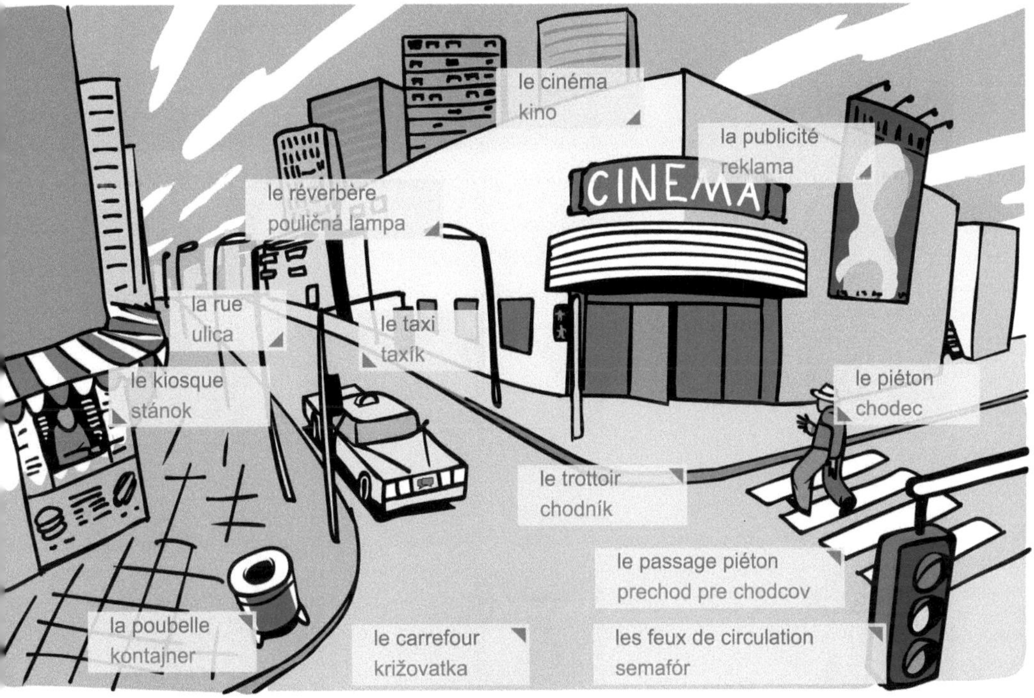

le cinéma
kino

la publicité
reklama

le réverbère
pouličná lampa

la rue
ulica

le taxi
taxík

le piéton
chodec

le kiosque
stánok

CINEMA

le trottoir
chodník

le passage piéton
prechod pre chodcov

la poubelle
kontajner

le carrefour
križovatka

les feux de circulation
semafór

la cabane
chata

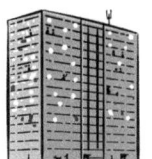

l'appartement
byt

la gare
vlaková stanica

la mairie
radnica

le musée
múzeum

l'école
škola

l'université

univerzita

la banque

banka

l'hôpital

nemocnica

l'hôtel

hotel

la pharmacie

lekáreň

le bureau

kancelária

la librairie

kníhkupectvo

le magasin

obchod

le fleuriste

kvetinárstvo

le supermarché

supermarket

le marché

trh

le grand magasin

obchodný dom

la poissonnerie

obchodník s rybami

le centre commercial

nákupné stredisko

le port

prístav

le parc

park

la banque

lavička

le pont

most

les escaliers

schody

le métro

metro

le tunnel

tunel

l'arrêt de bus

autobusová zastávka

le bar

bar

le restaurant

reštaurácia

la boîte à lettres

poštová schránka

le panneau indicateur

tabuľa s názvom ulice

le parcmètre

parkovacie hodiny

le zoo

ZOO

le réverbère

plaváreň

la mosquée

mešita

la ville - mesto

la ferme
farma

la pollution
znečisťovanie životného prostredia

la cimetière
cintorín

l'église
kostol

l'aire de jeux
ihrisko

le temple
chrám

le paysage
terén

la feuille
list

le panneau indicateur
smerová tabuľa

le chemin
cesta

le pré
lúka

la pierre
kameň

l'arbre
strom

le randonneur
turista

la rivière
rieka

l'herbe
tráva

la fleur
kvet

la vallée

dolina

la montagne

kopec

le lac

jazero

la forêt

les

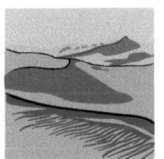

le désert

púšť

le volcan

vulkán

le château

zámok

l'arc-en-ciel

dúha

le champignon

hríb

le palmier

palma

le moustique

komár

la mouche

mucha

les fourmis

mravec

l'abeille

včela

l'araignée

pavúk

le coléoptère	la grenouille	l'écureuil
chrobák	žaba	veverička

le hérisson	le lièvre	la chouette
jež	zajac	sova

l'oiseau	le cygne	le sanglier
vták	labuť	diviak

le cerf	l'élan	le barrage
jeleň	los	hrádza
	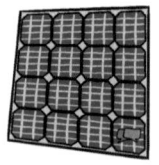	
l'éolienne	le panneau solaire	le climat
veterná turbína	solárny panel	podnebie

le restaurant
reštaurácia

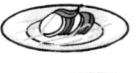

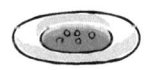

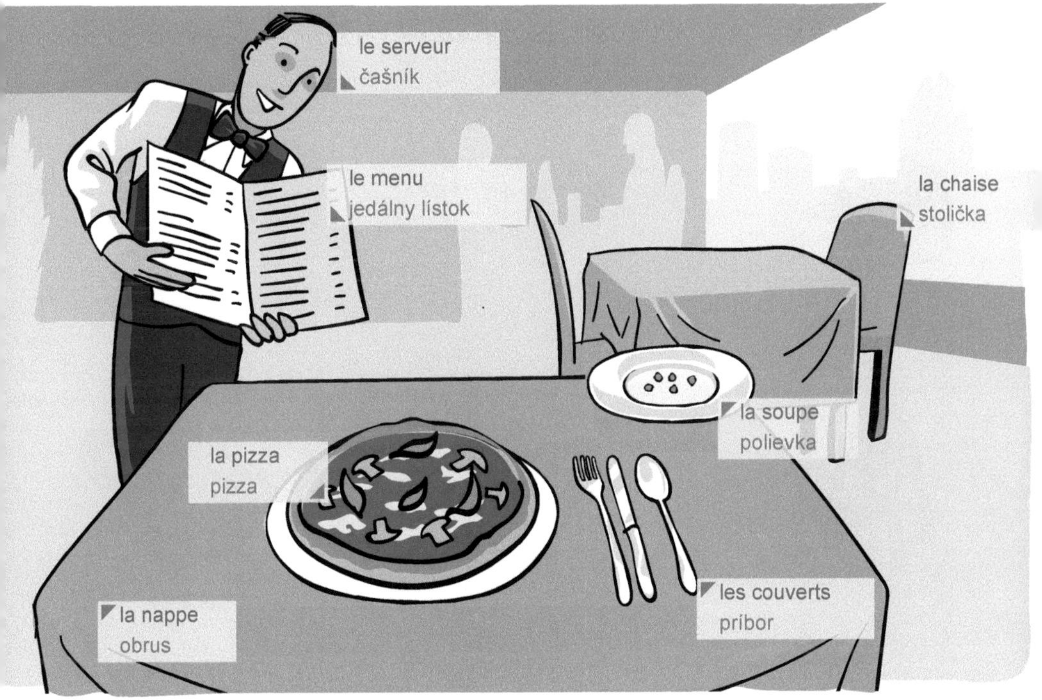
le serveur
čašník
le menu
jedálny lístok
la chaise
stolička
la soupe
polievka
la pizza
pizza
les couverts
príbor
la nappe
obrus

les hors d'œuvre

predjedlo

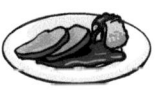

le plat principal

hlavné jedlo

le dessert

zákusok

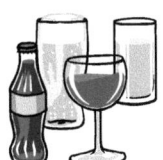

les boissons

nápoje

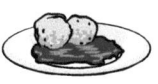

l'alimentation

jedlo

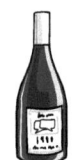

la bouteille

fľaša

le fast-food

fast-food

les plats à emporter

street food

la théière

kanvica na čaj

le sucrier

cukornička

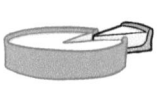

la portion

porcia

la machine à expresso

stroj na espresso

la chaise haute

detská stolička

la facture

účet

le plateau

podnos

le couteau

nôž

la fourchette

vidlička

la cuillère

lyžica

la cuillère à thé

čajová lyžička

la serviette

obrúsok

le verre

pohár

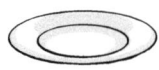

l'assiette
tanier

l'assiette à soupe
hlboký tanier

la soucoupe
podšálka

la sauce
omáčka

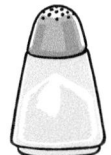

la salière
soľnička

le moulin à poivre
mlynček na korenie

le vinaigre
ocot

l'huile
olej

les épices
korenie

le ketchup
kečup

la moutarde
horčica

la mayonnaise
majonéza

le supermarché

supermarket

l'offre promotionnelle
špeciálna ponuka
FOR
le client
klient
les produits laitiers
mliečne výrobky
les fruits
ovocie
le chariot
nákupný vozík

BUTCHERS

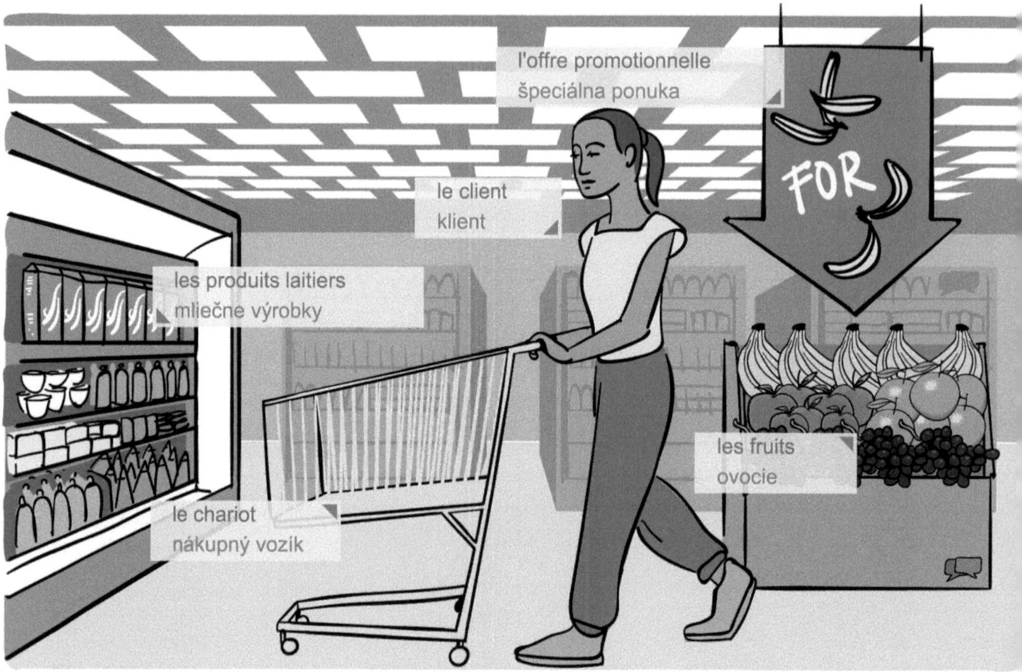

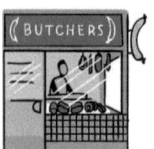

la boucherie

mäsiarstvo

BAKERY

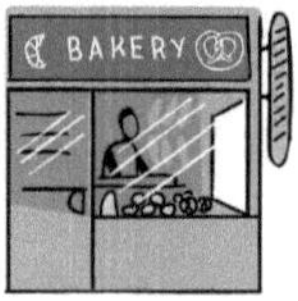

la boulangerie

pekáreň

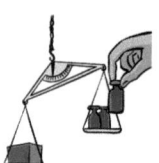

peser

vážiť

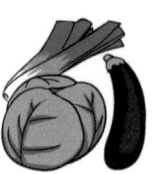

les légumes

zelenina

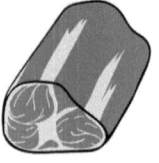

la viande

mäso

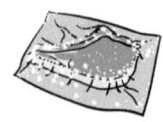

les aliments surgelés

mrazené potraviny

la charcuterie

nárez

les conserves

konzervy

la poudre à lessive

prací prostriedok

les bonbons

sladkosti

les articles ménagers

domáce potreby

les détergents

čistiace prostriedky

la vendeuse

predavačka

la caisse

pokladňa

le caissier

pokladník

la liste d'achats

nákupný zoznam

les heures d'ouverture

otváracie hodiny

le portefeuille

peňaženka

la carte de crédit

kreditná karta

le sac

taška

le sac en plastique

plastové vrecko

le supermarché - supermarket

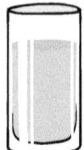

l'eau

voda

le jus de fruit

džús

le lait

mlieko

le coca

kola

le vin

víno

la bière

pivo

l'alcool

alkohol

le chocolat chaud

kakao

le thé

čaj

le café

káva

l'expresso

espresso

le cappuccino

kapučíno

la banane

banán

la pomme

jablko

l'orange

pomaranč

le melon

melón

le citron.

citrón

la carotte

mrkva

l'ail

cesnak

le bambou

bambus

l'oignon

cibuľa

le champignon

hríb

les noisettes

orechy

les pâtes

rezance

les spaghetti

špagety

le riz

ryža

la salade

šalát

les pommes frites

hranolky

les pommes de terre rôties

pečené zemiaky

la pizza

pizza

le hamburger

hamburger

le sandwich

obložený chlebík

l'escalope

rezeň

le jambon

šunka

le salami

saláma

la saucisse

klobása

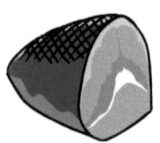

le poulet

kurča

le rôti

pečené mäso

le poisson

ryba

les flocons d'avoine

ovsené vločky

le muesli

müsli

les cornflakes

kukuričné lupienky

la farine

múka

le croissant

croissant

les petits-pains

pečivo

le pain

chlieb

le pain grillé

hrianka

les biscuits

sušienky

le beurre

maslo

le fromage blanc

tvaroh

le gâteau

koláč

l'œuf

vajce

l'œuf au plat

volské oko

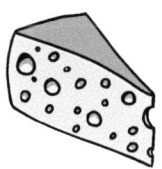

le fromage

syr

la glace

zmrzlina

le sucre

cukor

le miel

med

la confiture

lekvár

la crème nougat

nugátová nátierka

le curry

karí korenie

la ferme
farma

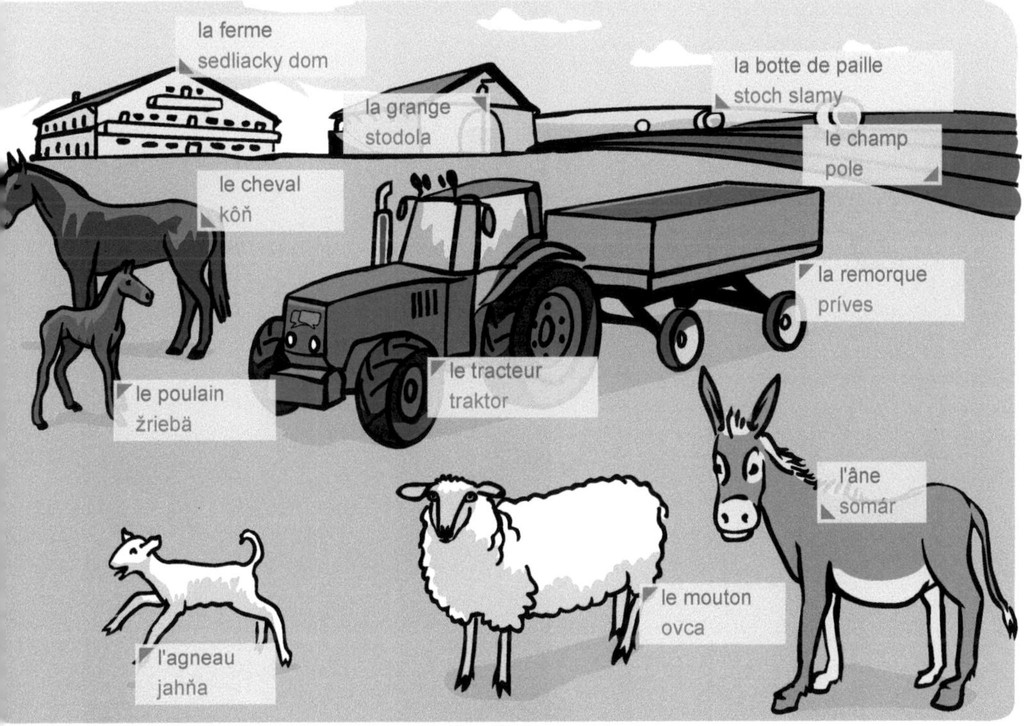
la ferme
sedliacky dom
la grange
stodola
la botte de paille
stoch slamy
le champ
pole
le cheval
kôň
la remorque
príves
le tracteur
traktor
le poulain
žriebä
l'âne
somár
le mouton
ovca
l'agneau
jahňa

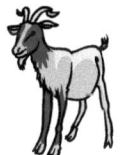

la chèvre

koza

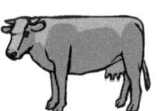

la vache

krava

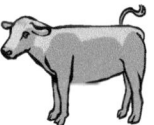

le veau

teľa

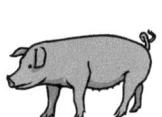

le porc

prasa

le porcelet

prasiatko

le taureau

býk

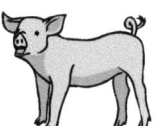

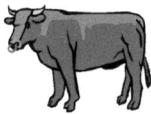

l'oie

hus

le canard

kačica

le poussin

kuriatko

la poule

sliepka

le coq

kohút

le rat

potkan

le chat

mačka

la souris

myš

le bœuf

vôl

le chien

pes

le chenil

psia búda

le tuyau de jardin

záhradná hadica

l'arrosoir

krhla

la faucheuse

kosa

la charrue

pluh

la faucille

kosák

la pioche

motyka

la fourche

vidly na hnoj

la hache

sekera

la brouette

fúrik

la cuve

koryto

le pot à lait

kanva na mlieko

le sac

vrece

la clôture

plot

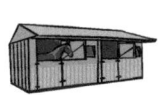

l'étable

maštaľ

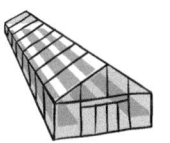

le serre

skleník

le sol

pôda

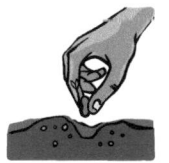

les semences

osivo

l'engrais

hnojivo

la moissonneuse-batteuse

kombajn

récolter

žať

la récolte

žatva

l'igname

batát

le blé

pšenica

le soja

sója

la pomme de terre

zemiak

le maïs

kukurica

le colza

repka

l'arbre fruitier

ovocný strom

le manioc

maniok

les céréales

obilie

la maison
dom

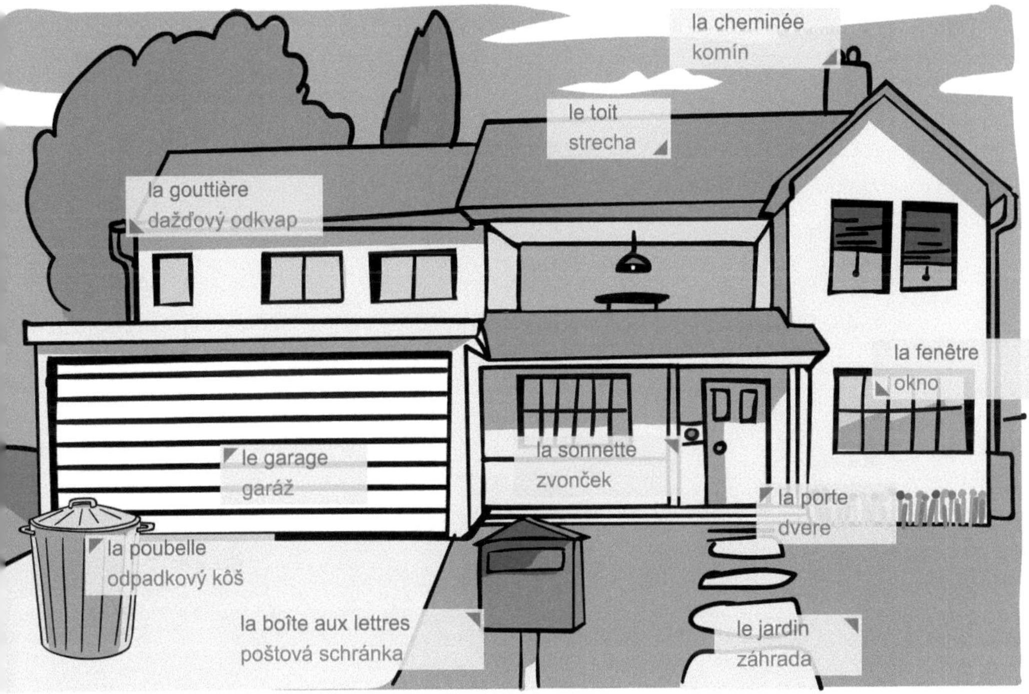
la cheminée
komín
le toit
strecha
la gouttière
dažďový odkvap
la fenêtre
okno
le garage
garáž
la sonnette
zvonček
la porte
dvere
la poubelle
odpadkový kôš
la boîte aux lettres
poštová schránka
le jardin
záhrada

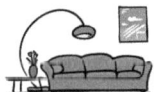

le salon
obývačka

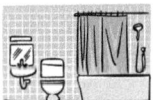

la salle de bain
kúpeľňa

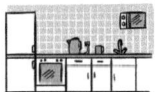

la cuisine
kuchyňa

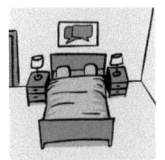

la chambre à coucher
spálňa

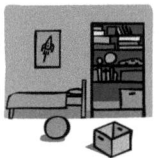

la chambre d'enfant
detská izba

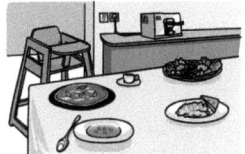

la salle à manger
jedáleň

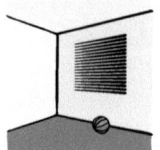

le sol
....
podlaha

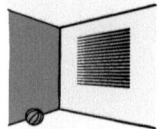

le mur
....
stena

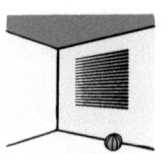

le plafond
....
strop

la cave
....
pivnica

le sauna
....
sauna

le balcon
....
balkón

la terrasse
....
terasa

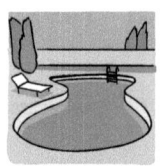

la piscine
....
bazén

la tondeuse à gazon
....
kosačka

la housse
....
obliečka

la couette
....
posteľná prikrývka

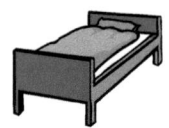

le lit
....
posteľ

le balai
....
metla

le sceau
....
vedro

l'interrupteur
....
vypínač

le salon
obývačka

le papier peint
tapeta
l'image
obraz
la lampe
lampa
l'étagère
regál
l'armoire
skriňa
la télé
televízor
la cheminée
kozub
la fleur
kvet
le coussin
vankúš
le sofa
pohovka
le vase
váza
la télécommande
diaľkové ovládanie

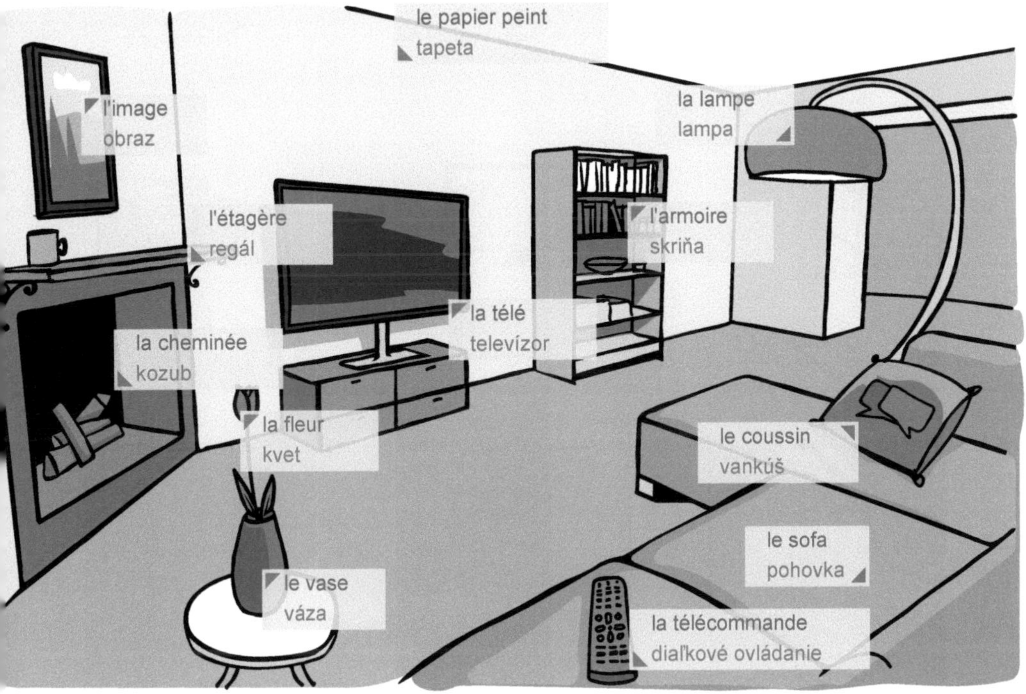

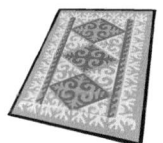

le tapis

koberec

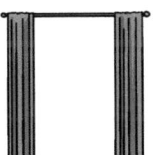

le rideau

záclona

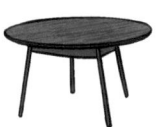

la table

stôl

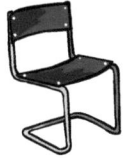

la chaise

stolička

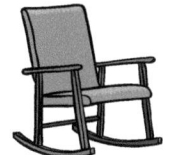

la chaise à bascule

hojdacie kreslo

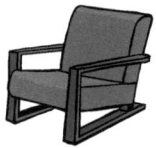

le fauteuil

kreslo

le livre

kniha

la couverture

prikrývka

la décoration

dekorácia

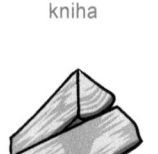

le bois de chauffage

drevo na kúrenie

le film

film

la chaîne hi-fi

hi-fi veža

la clé

kľúč

le journal

noviny

la peinture

maľba

le poster

plagát

la radio

rádio

le bloc-notes

zápisník

l'aspirateur

vysávač

le cactus

kaktus

la bougie

sviečka

la cuisine
kuchyňa

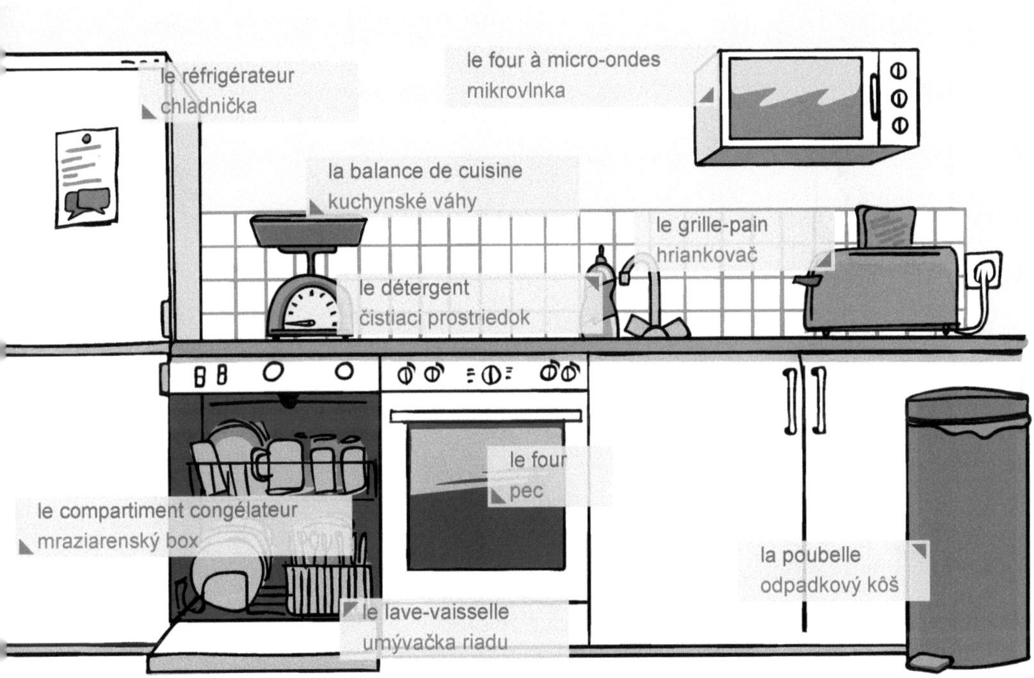

le réfrigérateur
chladnička
le four à micro-ondes
mikrovlnka
la balance de cuisine
kuchynské váhy
le grille-pain
hriankovač
le détergent
čistiaci prostriedok
le four
pec
le compartiment congélateur
mraziarenský box
la poubelle
odpadkový kôš
le lave-vaisselle
umývačka riadu

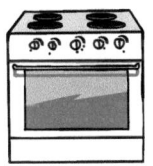

le four
sporák

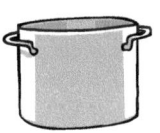

la casserole
hrniec

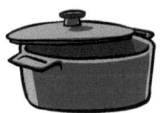

la marmite
železný hrniec

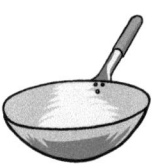

le wok / kadai
wok / kadai

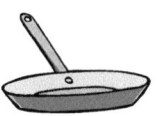

la poêle
panvica

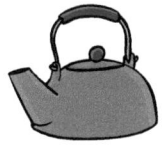

la bouilloire electrique
rýchlovarná kanvica

le cuiseur vapeur

parný hrniec

la plaque de cuisson

plech na pečenie

la vaisselle

riad

le gobelet

pohár

la coupe

misa

les baguettes

paličky

la louche

naberačka na polievku

la spatule

stierka

le fouet

metlička

la passoire

cedidlo

le tamis

sitko

la râpe

strúhadlo

le mortier

mažiar

le barbecue

gril

la cheminée

ohnisko

la planche à découper

doska na krájanie

le rouleau à pâtisserie

valček na cesto

le tire-bouchon

vývrtka

la boîte

konzerva

l'ouvre-boîte

otvárač na konzervy

les maniques

chňapka

le lavabo

výlevka

la brosse

kefa

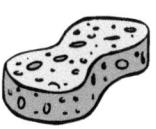

l'éponge

hubka

le mixeur

mixér

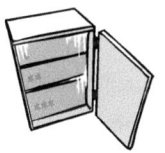

le congélateur

mraznička

le biberon

kojenecká fľaša

le robinet

vodovodný kohútik

la salle de bain
kúpeľňa

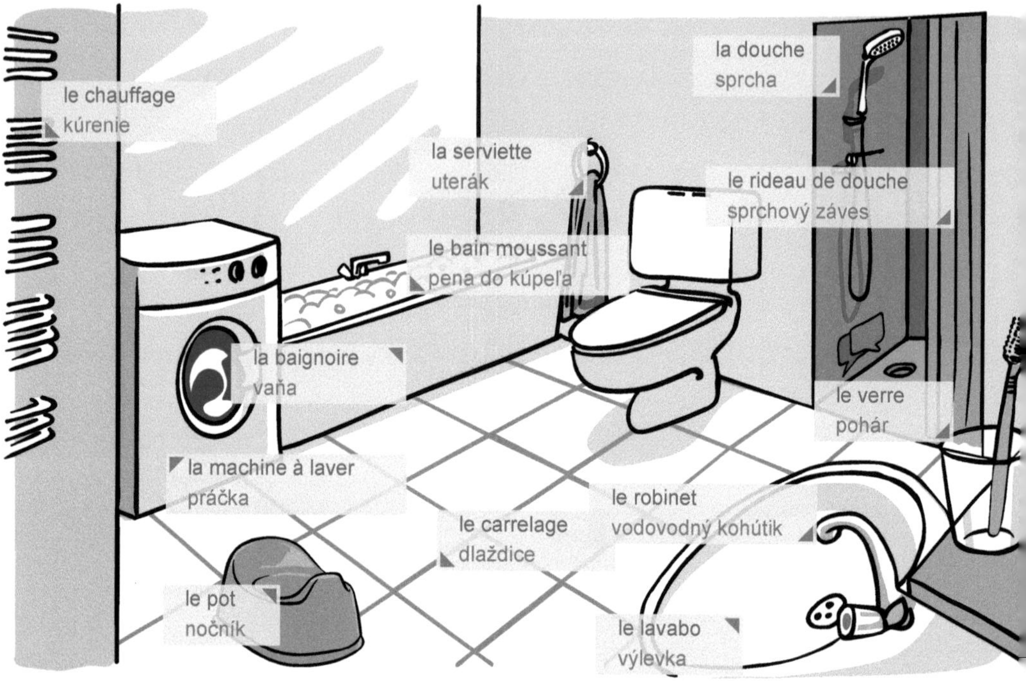

le chauffage
kúrenie

la douche
sprcha

la serviette
uterák

le rideau de douche
sprchový záves

le bain moussant
pena do kúpeľa

la baignoire
vaňa

le verre
pohár

la machine à laver
práčka

le robinet
vodovodný kohútik

le carrelage
dlaždice

le pot
nočník

le lavabo
výlevka

les toilettes

záchod

la toilette à la turque

suchý záchod

le bidet

bidet

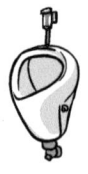

l'urinoir

pisoár

le papier toilette

toaletný papier

la brosse à toilette

záchodová kefa

la brosse à dents

zubná kefka

le dentifrice

zubná pasta

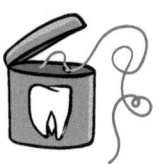

le fil dentaire

dentálna niť

laver

umývať

la douche manuelle

ručná sprcha

la douche intime

sprcha pre intímnu hygienu

la vasque

umývadlo

la brosse dorsale

kefa na chrbát

le savon

mydlo

le gel douche

sprchový gél

le shampooing

šampón

le gant de toilette

frotírová rukavica

l'écoulement

odtok

la crème

krém

le déodorant

dezodorant

la salle de bain - kúpeľňa

le miroir

zrkadlo

le miroir cosmétique

kozmetické zrkadlo

le rasoir

žiletka

la mousse à raser

pena na holenie

l'après-rasage

voda po holení

la peigne

hrebeň

la brosse

kefa

le sèche-cheveux

sušič vlasov

la laque pour cheveux

sprej na vlasy

le fond de teint

make-up

le rouge à lèvres

rúž

le vernis à ongles

lak na nechty

l'ouate

vata

le coupe-ongles

nožnice na nechty

le parfum

parfum

la salle de bain - kúpeľňa

la trousse de toilette

kozmetická taška

le tabouret

stolček

le pèse-personne

váha

le peignoir

kúpací plášť

les gants de nettoyage

gumové rukavice

le tampon

tampón

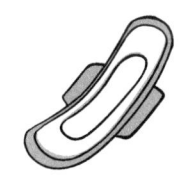

les serviettes hygiéniques

menštruačná vložka

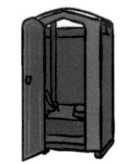

la toilette chimique

chemické WC

la chambre d'enfant
detská izba

le réveil
budík
le doudou
plyšová hračka
la voiture jouet
hračkárske auto
le hochet
hrkálka
la maison de poupée
domček pre bábiky
le cadeau
dar

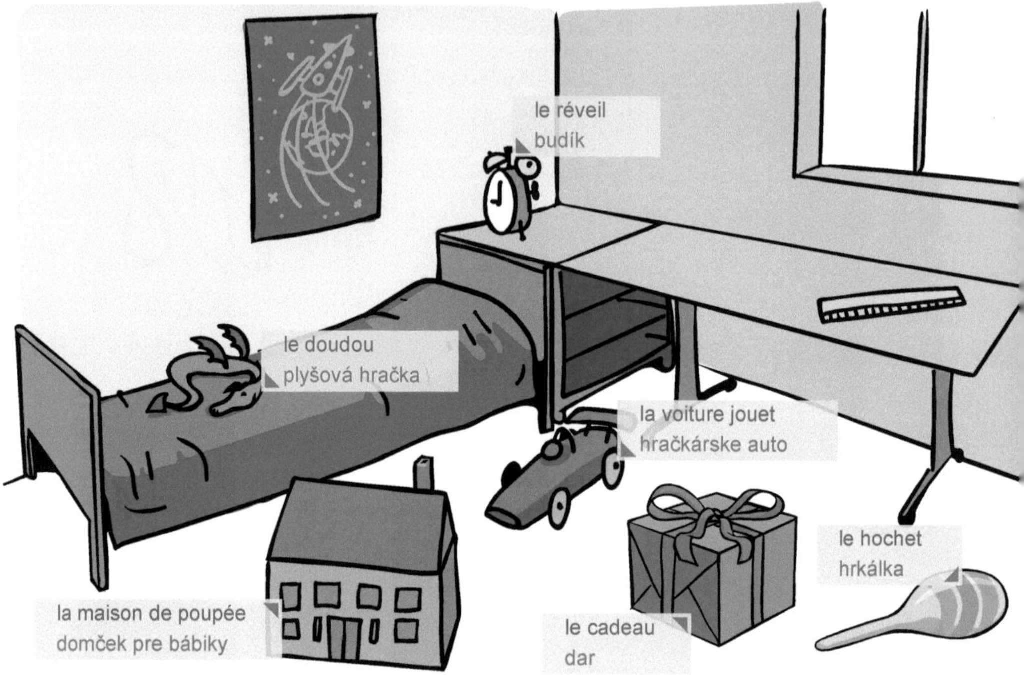

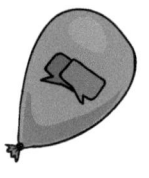

le ballon

balón

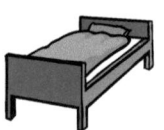

le lit

posteľ

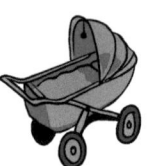

la poussette

detský kočík

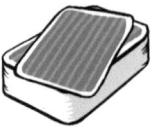

le jeu de cartes

karty

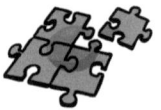

le puzzle

puzzle

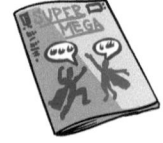

la bande dessinée

komix

les pièces lego

skladačka lego

les blocs de construction

stavebnica

la figurine

akčná postavička

la grenouillère

dupačky

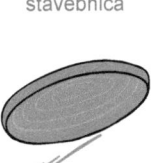

le frisbee

lietajúci tanier

le mobile

závesné hračky

le jeu de société

stolová hra

le dé

kocka

le train miniature

modelový vláčik

la sucette

cumlík

la fête

párty

le livre d'images

obrázková kniha

la balle

lopta

la poupée

bábika

jouer

hrať sa

le bac à sable

pieskovisko

la balançoire

hojdačka

les jouets

hračky

la console de jeu

hracia konzola

le tricycle

trojkolka

l'ours en peluche

medvedík

l'armoire

šatník

les vêtements

šatstvo

les chaussettes

ponožky

les bas

pančuchy

le collant

pančuchové nohavičky

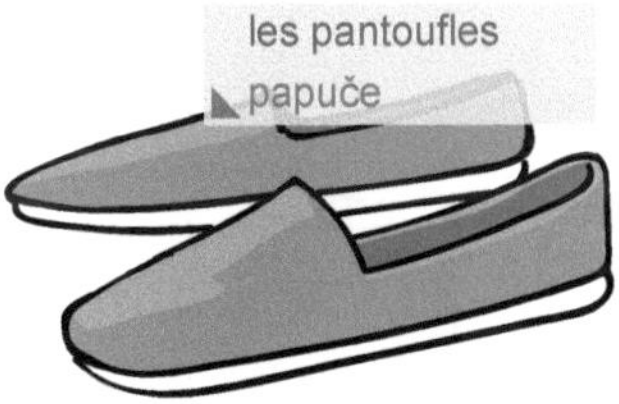

l'écharpe
šál

le parapluie
dáždnik

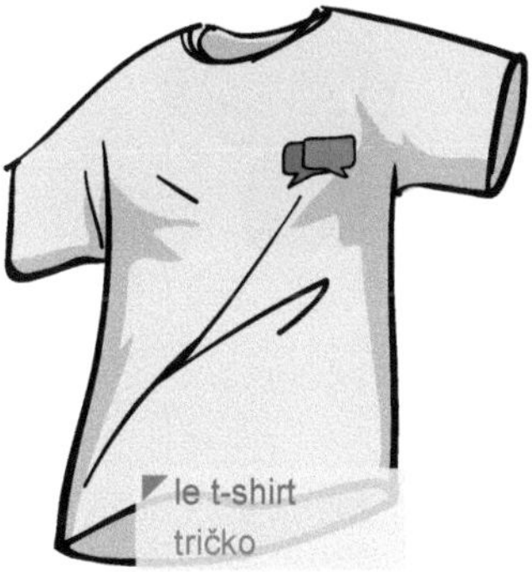

la ceinture
opasok

le t-shirt
tričko

les bottes
čižmy

les pantoufles
papuče

les baskets
tenisky

les sandales
sandále

les chaussures
topánky

les bottes de caoutchouc
gumáky

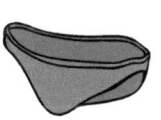
les sous-vêtements
spodky

le soutien-gorge
podprsenka

le maillot de corps
tielko

le body
body

le pantalon
nohavice

le jean
džínsy

la jupe
sukňa

le chemisier
blúzka

la chemise
košeľa

le pull
pulóver

le sweat à capuche
sveter

la veste
blejzer

la veste
bunda

le manteau
kabát

l'imperméable
pršiplášť

le costume
kostým

la robe
šaty

la robe de mariée
svadobné šaty

le costume

oblek

la chemise de nuit

nočná košeľa

le pyjama

pyžamo

le sari

sari

le foulard

šatka na hlavu

le turban

turban

la burqa

burka

le caftan

kaftan

l'abaya

abaja

le maillot de bain

dvojdielne plavky

le maillot de bain

plavky

le short

šortky

la tenue d'entraînement

tepláková súprava

le tablier

zástera

les gants

rukavice

le bouton

gombík

les lunettes

okuliare

le bracelet

náramok

le collier

retiazka

la bague

prsteň

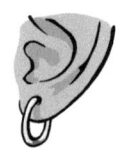

la boucle d'oreille

náušnica

le bonnet

čiapka

le cintre

vešiak

le chapeau

klobúk

la cravate

kravata

la fermeture éclair

zips

le casque

prilba

les bretelles

traky

l'uniforme scolaire

školská uniforma

l'uniforme

uniforma

le bavoir

podbradník

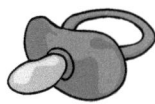

la sucette

cumlík

la lange

plienka

le bureau
kancelária

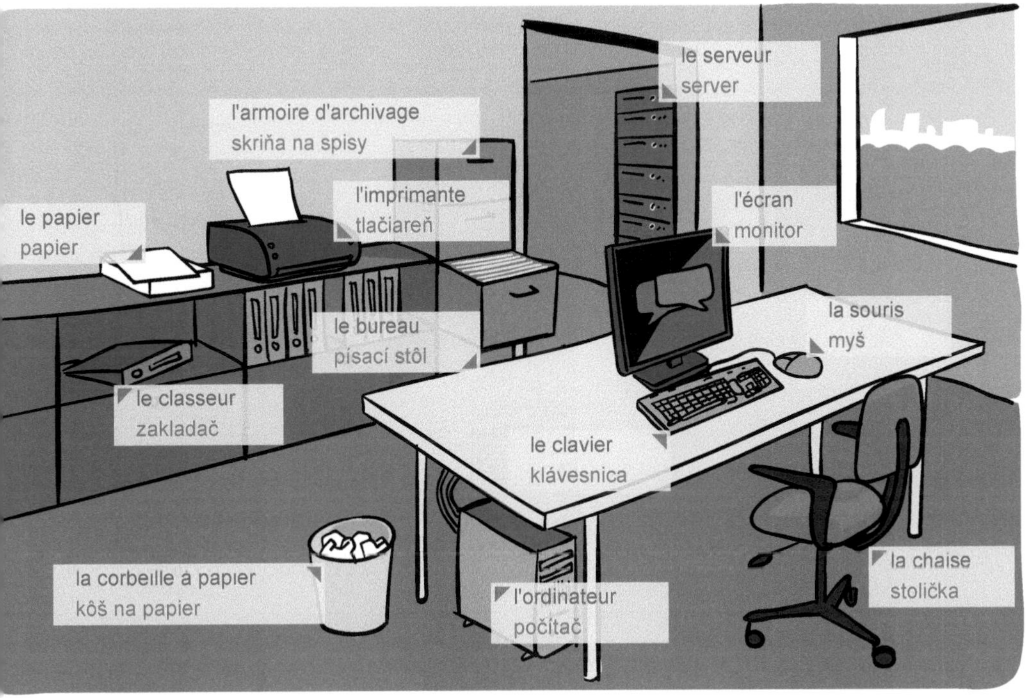

le serveur
server

l'armoire d'archivage
skriňa na spisy

l'imprimante
tlačiareň

l'écran
monitor

le papier
papier

le bureau
písací stôl

la souris
myš

le classeur
zakladač

le clavier
klávesnica

la chaise
stolička

la corbeille à papier
kôš na papier

l'ordinateur
počítač

la tasse de café

hrnček na kávu

la calculatrice

kalkulačka

l'internet

internet

l'ordinateur portable
....
laptop

la lettre
....
list

le message
....
správa

le portable
....
mobil

le réseau
....
sieť

la photocopieuse
....
kopírka

le logiciel
....
softvér

le téléphone
....
telefón

la prise
....
elektrická zásuvka

le fax
....
fax

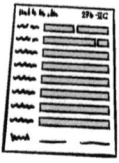

le formulaire
....
formulár

le document
....
doklad

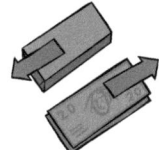

acheter

kúpiť

payer

platiť

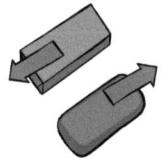

faire du commerce

obchodovať

la monnaie

peniaze

 **USD**

le dollar

dolár

 **EUR**

l'euro

euro

 **JPY**

le yen

jen

 **RUB**

le rouble

rubeľ

 **CHF**

le franc suisse

švajčiarsky frank

 **CNY**

le renminbi yuan

čínsky jüan

 **INR**

la roupie

rupia

le distributeur automatique

bankomat

le bureau de change

zmenáreň

l'or

zlato

l'argent

striebro

le pétrole

ropa

l'énergie

energia

le prix

cena

le contrat

zmluva

la taxe

daň

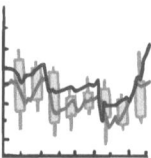

l'action

akcia

travailler

pracovať

l'employé

zamestnanec

l'employeur

zamestnávateľ

l'usine

továreň

le magasin

obchod

l'économie - hospodárstvo

les professions
povolania

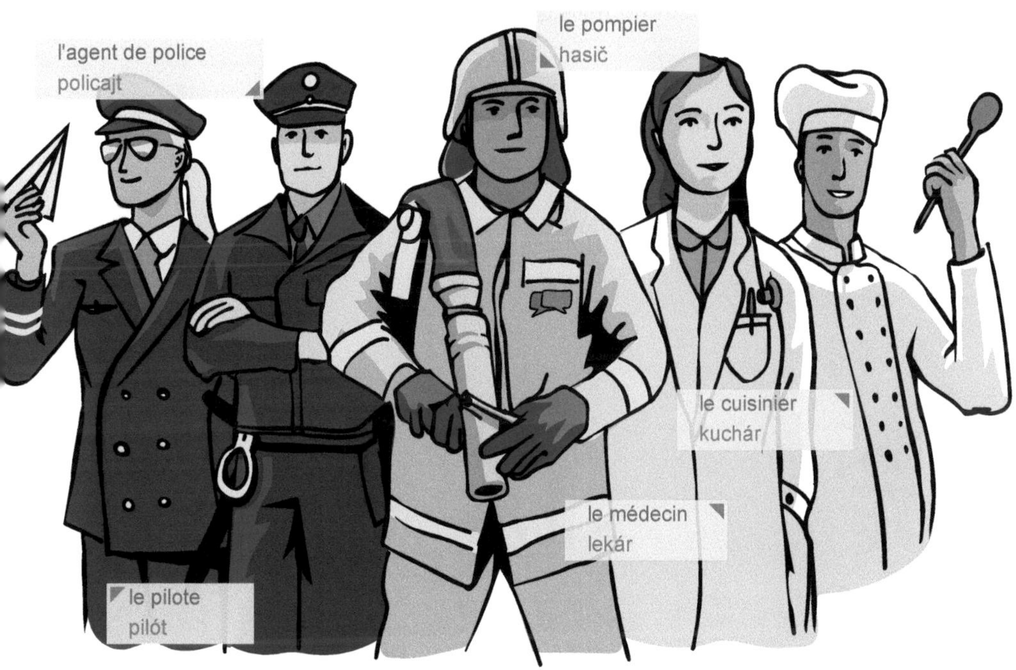
l'agent de police
policajt
le pompier
hasič
le cuisinier
kuchár
le médecin
lekár
le pilote
pilót

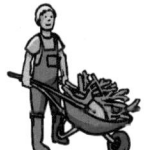

le jardinier

záhradník

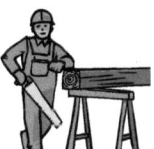

le menuisier

stolár

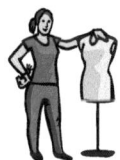

la couturière

krajčírka

le juge

sudca

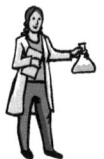

le chimiste

chemik

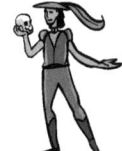

l'acteur

herec

le conducteur de bus

vodič autobusu

le chauffeur de taxi

taxikár

le pêcheur

rybár

la femme de ménage

upratovačka

le couvreur

pokrývač

le serveur

čašník

le chasseur

poľovník

le peintre

maliar

le boulanger

pekár

l'électricien

elektrikár

l'ouvrier

stavebný robotník

l'ingénieur

inžinier

le boucher

mäsiar

le plombier

klampiar

le facteur

poštár

le soldat

vojak

l'architecte

architekt

le caissier

pokladník

le fleuriste

kvetinár

le coiffeur

kaderník

le contrôleur

sprievodca

le mécanicien

mechanik

le capitaine

kapitán

le dentiste

zubár

le scientifique

vedec

le rabbin

rabín

l'imam

imám

le moine

mních

le prêtre

farár

les outils
náradie

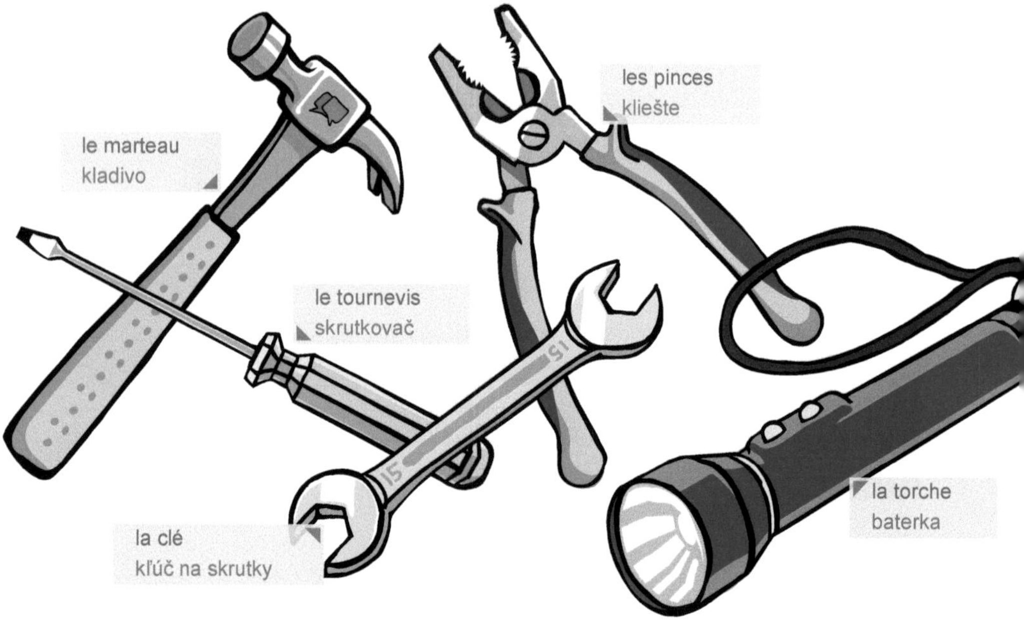
le marteau
kladivo
les pinces
kliešte
le tournevis
skrutkovač
la clé
kľúč na skrutky
la torche
baterka

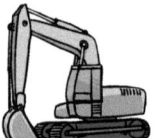

la pelleteuse

bager

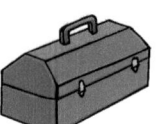

la boîte à outils

súprava náradia

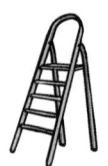

l'échelle

rebrík

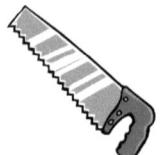

la scie

pílka

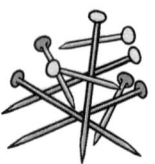

les clous

klince

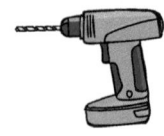

la perceuse

vrták

réparer
opraviť

la pelle
lopata

Mince !
Do čerta!

la pelle
lopatka na smeti

le pot de peinture
nádoba s farbou

les vis
skrutky

les instruments de musique
hudobné nástroje

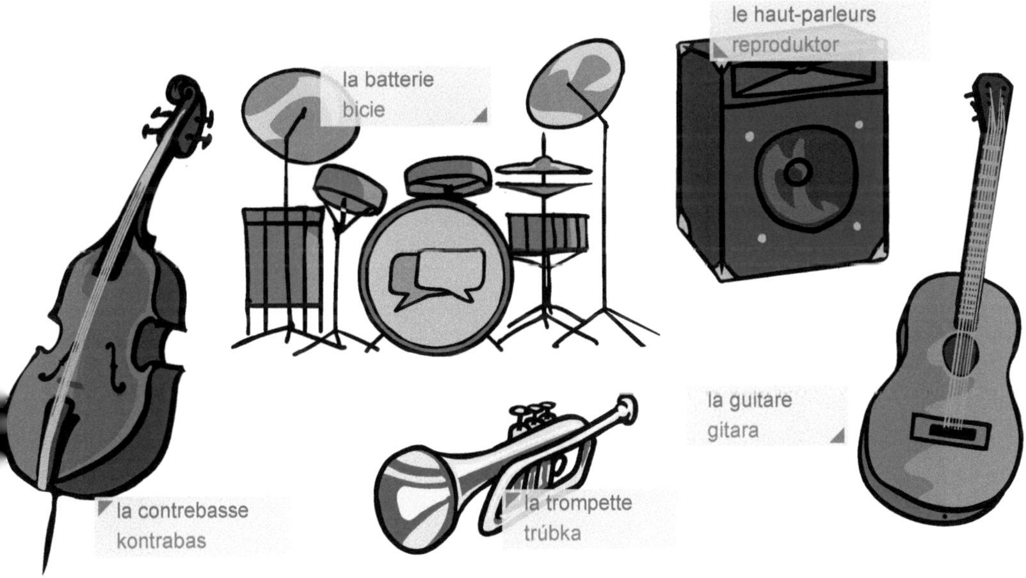

la batterie
bicie

le haut-parleurs
reproduktor

la guitare
gitara

la contrebasse
kontrabas

la trompette
trúbka

le piano

klavír

le violon

husle

la basse

basa

les timbales

tympany

le tambour

bubon

le piano électrique

klávesnica

le saxophone

saxofón

la flûte

flauta

le microphone

mikrofón

le zoo
ZOO

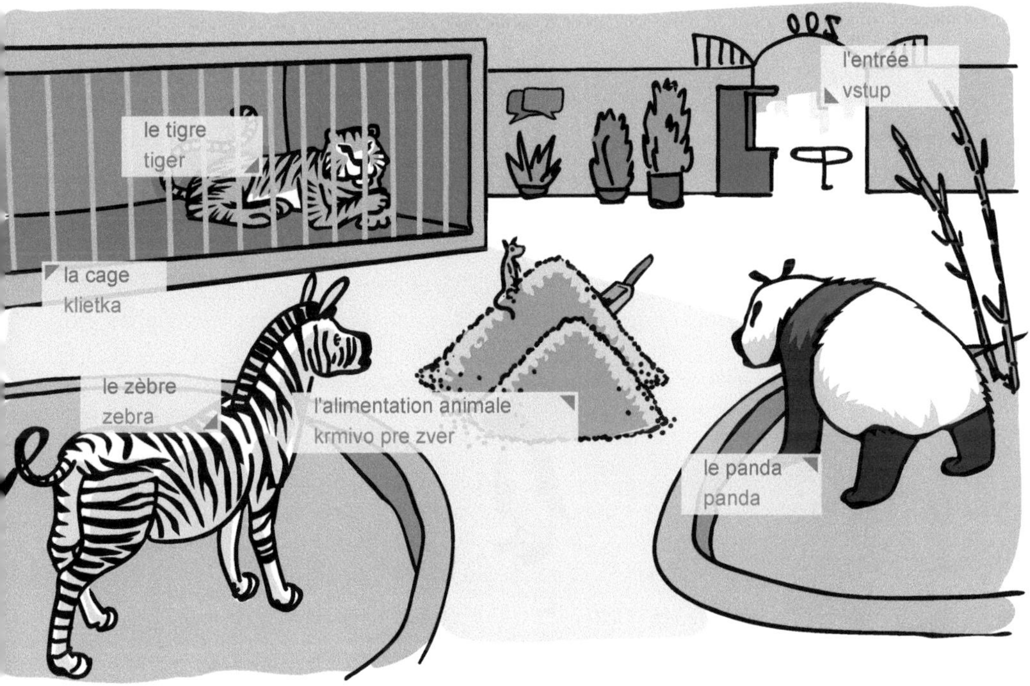
l'entrée
vstup
le tigre
tiger
la cage
klietka
le zèbre
zebra
l'alimentation animale
krmivo pre zver
le panda
panda

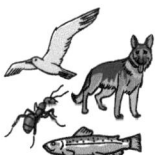

les animaux

zvieratá

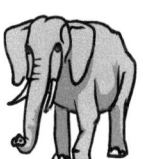

l'éléphant

slon

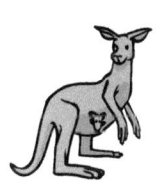

le kangourou

klokan

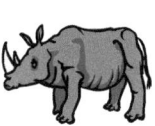

le rhinocéros

nosorožec

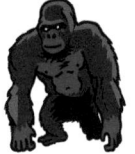

le gorille

gorila

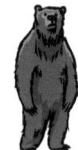

l'ours

medveď

le chameau

ťava

l'autruche

pštros

le lion

lev

le singe

opica

le flamand rose

plameniak

le perroquet

papagáj

l'ours polaire

ľadový medveď

le pingouin

tučniak

le requin

žralok

le paon

páv

le serpent

had

le crocodile

krokodíl

le gardien de zoo

ošetrovateľ v ZOO

le phoque

tuleň

le jaguar

jaguár

le poney

poník

le léopard

leopard

l'hippopotame

hroch

la girafe

žirafa

l'aigle

orol

le sanglier

diviak

le poisson

ryba

la tortue

korytnačka

le morse

mrož

le renard

líška

la gazelle

gazela

les sports
šport

l'american Football
americký futbal

le cyclisme
cyklistika

le tennis
tenis

le basket-ball
basketbal

la natation
plávanie

la boxe
box

le hockey sur glace
hokej

le football

futbal

le badminton

bedminton

l'athlétisme

ľahká atletika

le handball

hádzaná

le ski

lyžovanie

le polo

pólo

rire
smiať sa

sauter
skočiť

embrasser
objať

marcher
chodiť

chanter
spievať

rêver
snívať

prier
modliť sa

faire la bise
pobozkať

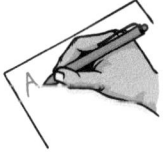

écrire
písať

dessiner
kresliť

montrer
ukázať

pousser
llačiť

donner
dať

prendre
brať

avoir
mať

faire
robiť

être
byť

être debout
stáť

courir
bežať

trier
ťahať

jeter
hádzať

tomber
padnúť

être couché
ležať

attendre
čakať

porter
nosiť

être assis
sedieť

s'habiller
obliecť sa

dormir
spať

se réveiller
zobudiť sa

regarder
pozerať

pleurer
plakať

caresser
hladkať

peigner
česať

parler
hovoriť

comprendre
rozumieť

demander
pýtať sa

écouter
počuť

boire
piť

manger
jesť

ranger
upratať

aimer
milovať

cuire
variť

conduire
jazdiť

voler
letieť

faire de la voile

plachtiť

calculer

počítať

lire

čítať

apprendre

učiť sa

travailler

pracovať

se marier

oženiť

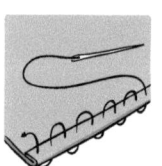

coudre

šiť

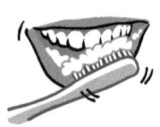

brosser les dents

čistiť zuby

tuer

zabiť

fumer

fajčiť

envoyer

poslať

la famille
rodina

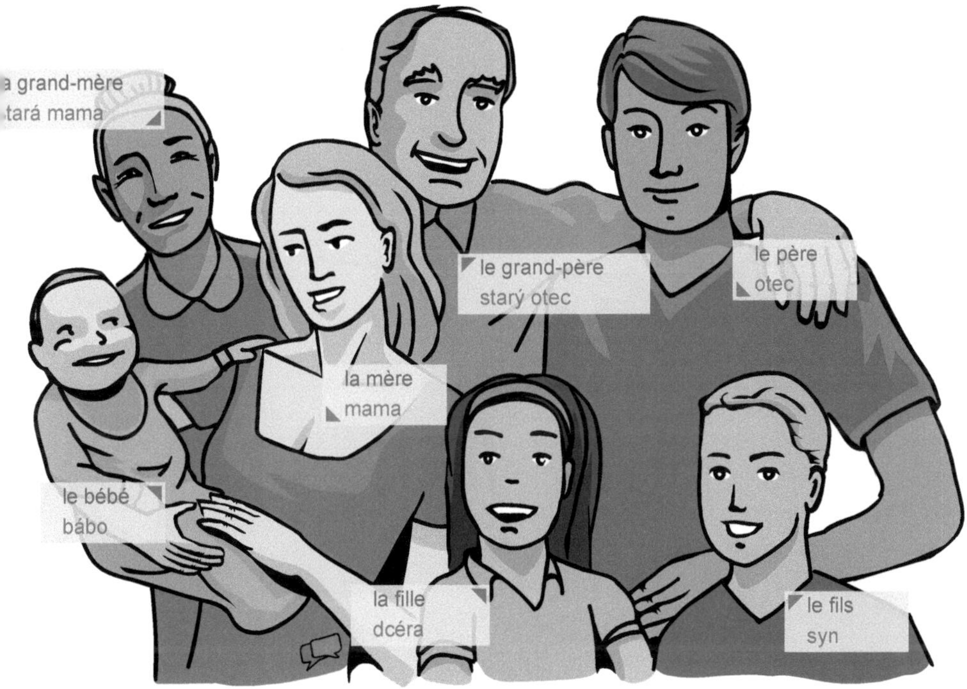
a grand-mère
tará mama
le grand-père
starý otec
le père
otec
la mère
mama
le bébé
bábo
la fille
dcéra
le fils
syn

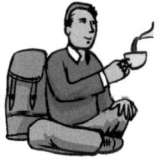

l'hôte

hosť

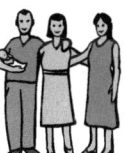

la tante

teta

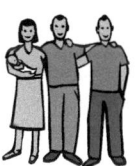

l'oncle

strýko

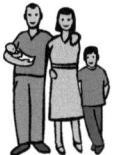

le frère

brat

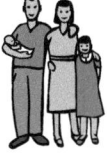

la sœur

sestra

le corps
telo

le front
čelo
l'œil
oko
l'épaule
plece
le doigt
prst
le visage
tvár
le menton
brada
la main
ruka
la jambe
noha
la poitrine
hruď
le bras
rameno

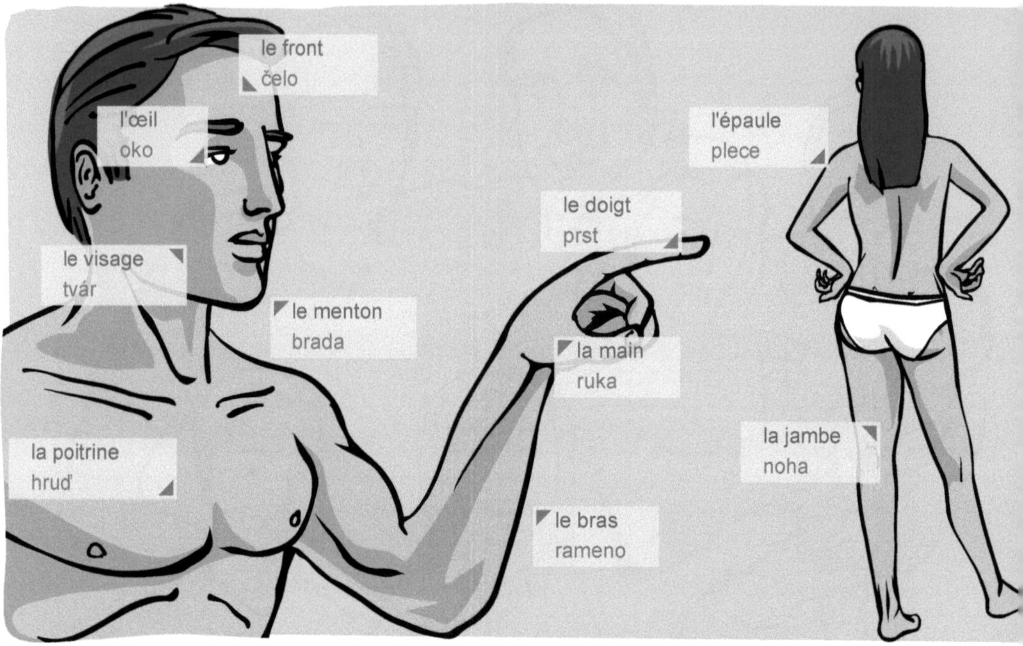

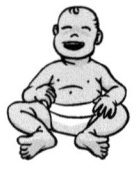

le bébé

bábo

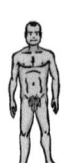

l'homme

muž

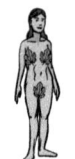

la femme

žena

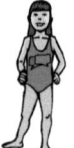

la fille

dievča

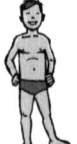

le garçon

chlapec

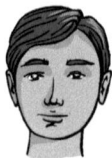

la tête

hlava

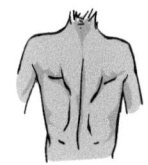

le dos

chrbát

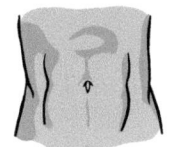

le ventre

brucho

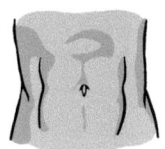

le nombril

pupok

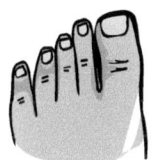

l'orteil

prst na nohe

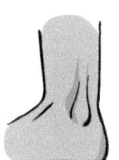

le talon

päta

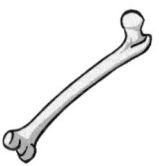

l'os

kosť

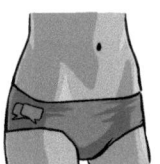

la hanche

bok

le genou

koleno

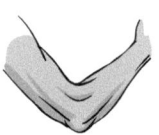

le coude

lakeť

le nez

nos

les fesses

zadok

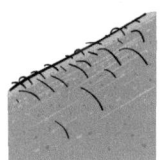

la peau

koža

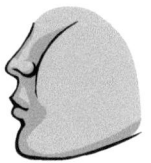

la joue

líce

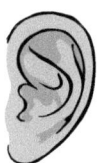

l'oreille

ucho

la lèvre

pery

la bouche

ústa

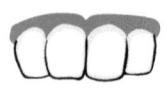

la dent

zub

la langue

jazyk

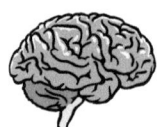

le cerveau

mozog

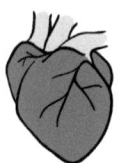

le cœur

srdce

le muscle

svaly

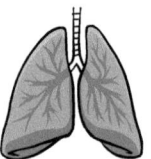

les poumons

pľúca

le foie

pečeň

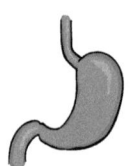

l'estomac

žalúdok

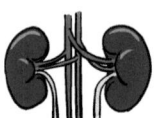

les reins

obličky

le rapport sexuel

pohlavný styk

le préservatif

kondóm

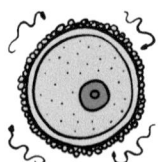

l'ovule

vaječná bunka

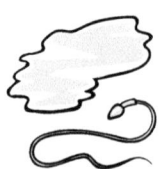

le sperme

semeno

la grossesse

tehotenstvo

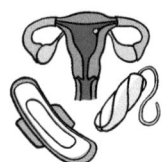

la menstruation

menštruácia

le vagin

vagína

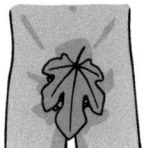

le pénis

penis

le sourcil

obočie

les cheveux

vlasy

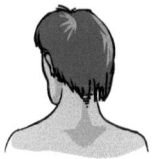

le cou

krk

l'hôpital

nemocnica

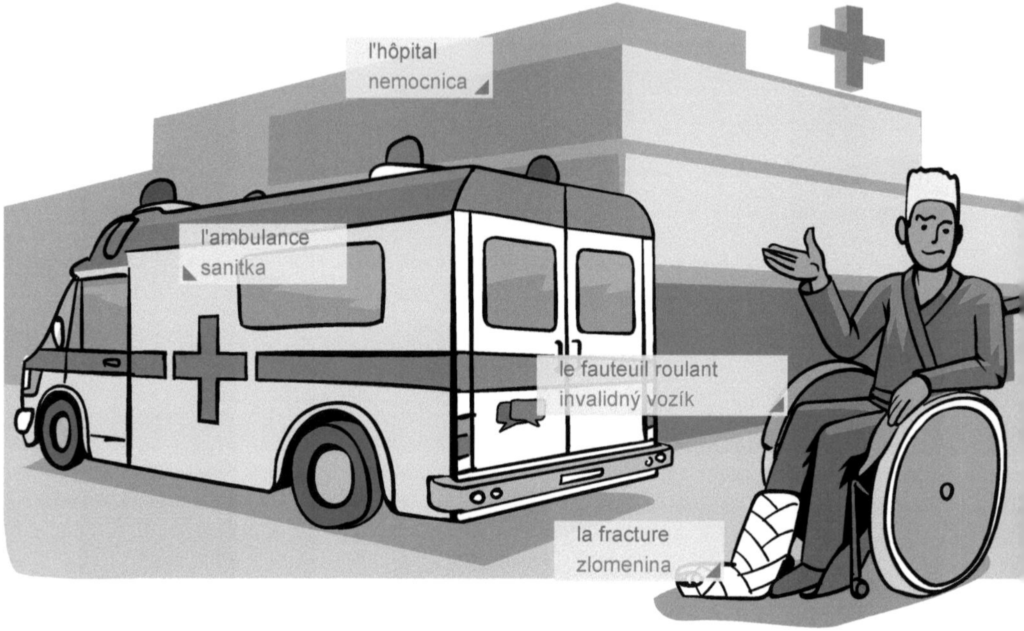

l'hôpital
nemocnica
l'ambulance
sanitka
le fauteuil roulant
invalidný vozík
la fracture
zlomenina

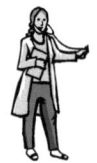

le médecin

lekár

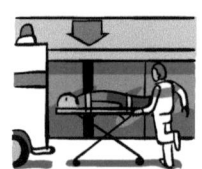

le service des urgences

urgentný príjem

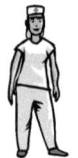

l'infirmière

sestrička

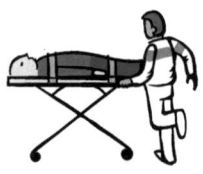

l'urgence

urgentný prípad

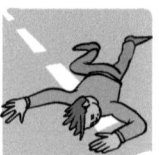

inconscient

v bezvedomí

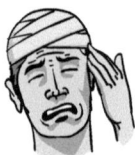

la douleur

bolesť

la blessure

zranenie

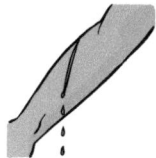

l'hémorragie

krvácanie

la crise cardiaque

srdcový infarkt

l'attaque cérébrale

mozgová porážka

l'allergie

alergia

la toux

kašeľ

la fièvre

teplota

la grippe

chrípka

la diarrhée

hnačka

le mal de tête

bolesť hlavy

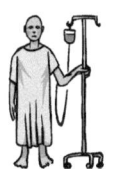

le cancer

rakovina

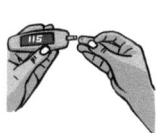

le diabète

cukrovka

le chirurgien

chirurg

le scalpel

skalpel

l'opération

operácia

le CT

CT

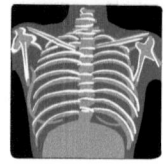

la radiographie

RTG

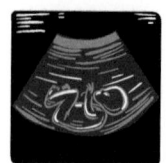

l'échographie

ultrazvuk

le masque

maska

la maladie

choroba

la salle d'attente

čakáreň

la béquille

barla

le pansement

náplasť

le pansement

obväz

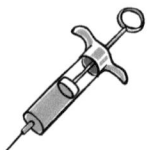

l'injection

injekcia

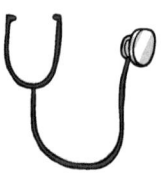

le stéthoscope

fonendoskop

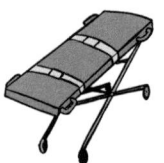

le brancard

nosidlá

le thermomètre

teplomer

l'accouchement

pôrod

la surcharge pondérale

nadváha

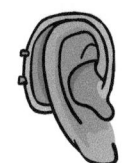

l'appareil auditif

audiofón

le désinfectant

dezinfekčný prostriedok

l'infection

infekcia

le virus

vírus

le VIH / le sida

HIV / AIDS

le médicament

medicína

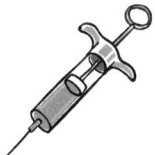

la vaccination

očkovanie

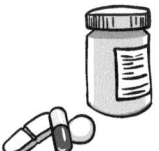

les comprimés

tabletky

la pilule

antikoncepčná pilulka

l'appel d'urgence

tiesňové volanie

le tensiomètre

tlakomer

malade / sain

chorý / zdravý

l'alarme
alarm

l'assaut
prepad

Au secours !
Pomoc!

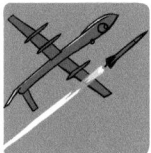

l'attaque
útok

le danger
nebezpečenstvo

la sortie de secours
núdzový východ

Au feu!
Horí!

l'extincteur
hasičský prístroj

l'accident
nehoda

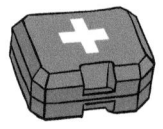

la trousse de premier
secours
kufrík prvej pomoci

SOS
SOS

la police
polícia

l'Europe

Európa

l'Amérique du Nord

Severná Amerika

l'Amérique du Sud

Južná Amerika

l'Afrique

Afrika

l'Asie

Ázia

l'Australie

Austrália

l'Océan atlantique

Atlantický oceán

l'Océan pacifique

Tichý oceán

l'Océan indien

Indický oceán

l'Océan antarctique

Južný oceán

l'Océan arctique

Severný ľadový oceán

le Pôle nord

Severný pól

le Pôle sud

Južný pól

l'Antarctique

Antarktída

la terre

Zem

le pays

krajina

la mer

more

l'île

ostrov

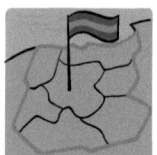

la nation

národ

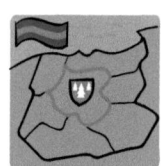

l'état

štát

le cadran

ciferník

l'aiguille des heures

hodinová ručička

l'aiguille des minutes

minútová ručička

l'aiguille des secondes

sekundová ručička

Quelle heure est-il ?

Koľko je hodín?

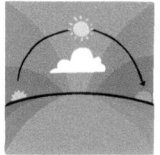

le jour

deň

le temps

čas

maintenant

teraz

la montre digitale

digitálne hodiny

la minute

minúta

l'heure

hodina

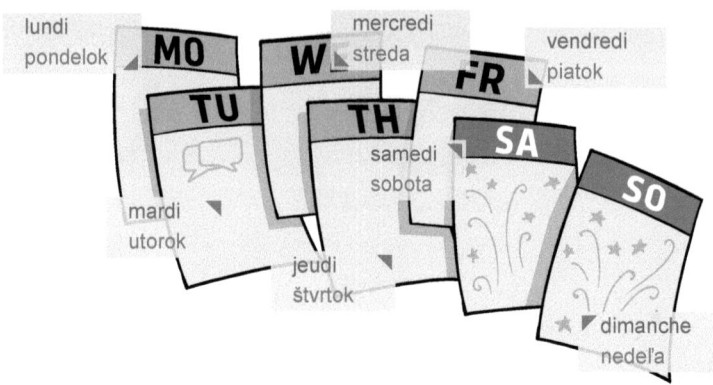

lundi / pondelok — MO
mardi / utorok — TU
mercredi / streda — W
jeudi / štvrtok — TH
vendredi / piatok — FR
samedi / sobota — SA
dimanche / nedeľa — SO

hier

včera

aujourd'hui

dnes

demain

zajtra

le matin

ráno

le midi

poludnie

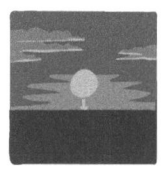

le soir

večer

les jours ouvrables

pracovné dni

le week-end

víkend

l'année
rok

la pluie
dážď
l'arc-en-ciel
dúha
la neige
sneh
le vent
vietor
le printemps
jar
l'automne
jeseň
l'été
leto
l'hiver
zima

4.APRIL 11°
5.APRIL 4°
6.APRIL 13°
7.APRIL 8°
8.APRIL 10°

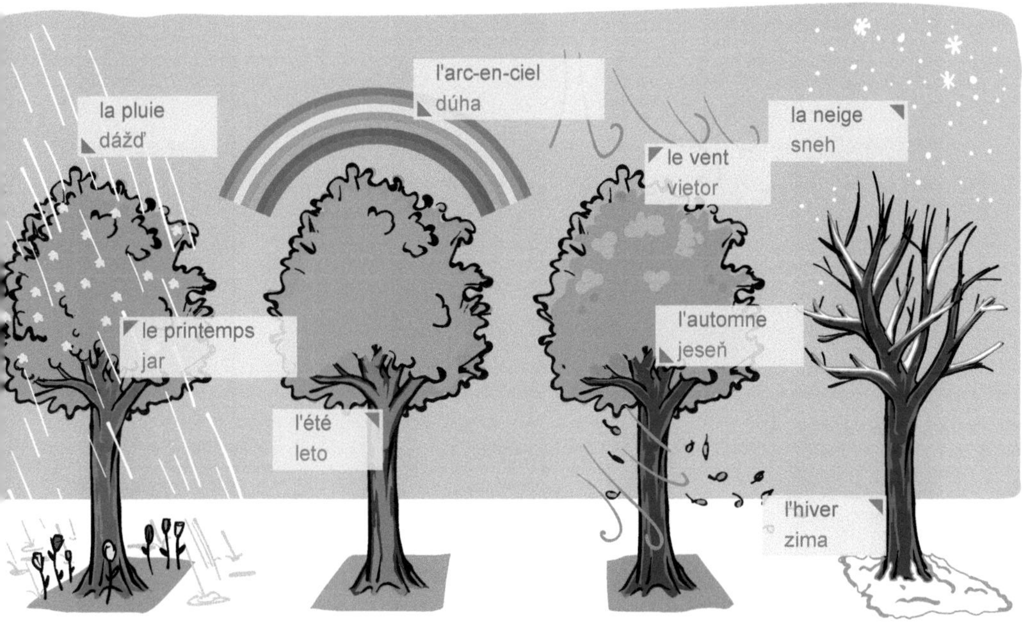

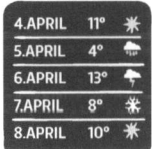

la météo

predpoveď počasia

F C

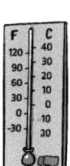

le thermomètre

teplomer

la lumière du soleil

slnečný svit

le nuage

oblak

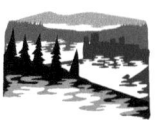

le brouillard

hmla

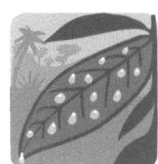

l'humidité

vlhkosť vzduchu

la foudre

blesk

la tonnerre

hrom

la tempête

búrka

la grêle

krúpy

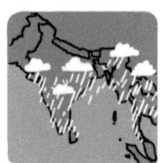

la mousson

monzún

l'inondation

záplava

la glace

ľad

janvier

január

février

február

mars

marec

avril

apríl

mai

máj

juin

jún

juillet

júl

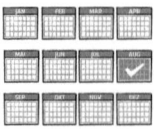

août

august

septembre
....
september

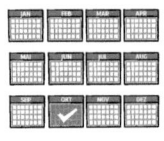

octobre
....
október

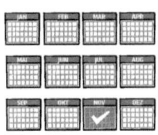

novembre
....
november

décembre
....
december

les formes
tvary

le cercle
....
kruh

le carré
....
štvorec

le rectangle
....
obdĺžnik

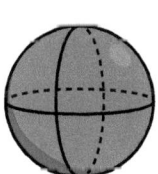

le triangle
....
trojuholník

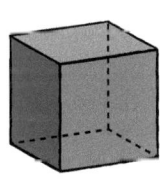

la sphère
....
guľa

le cube
....
kocka

les couleurs
farby

blanc

biela

jaune

žltá

orange

oranžová

rose

ružová

rouge

červená

violet

fialová

bleu

modrá

vert

zelená

marron

hnedá

gris

šedá

noir

čierna

beaucoup / peu

veľa / málo

fâché / calme

zúrivý / pokojný

joli / laid

pekný / škaredý

le début / la fin

začiatok / koniec

grand / petit

veľký / malý

clair / obscure

svetlý / tmavý

frère / soeur

brat / sestra

propre / sale

čistý / špinavý

complet / incomplet

úplný / neúplný

le jour / la nuit

deň / noc

mort / vivant

mŕtvy / živý

large / étroit

široký / úzky

comestible / incomestible

chutný / nechutný

méchant / gentil

zlostný / láskavý

excité / ennuyé

vzrušený / unudený

gros / mince

tlstý / chudý

le premier / le dernier

prvý / posledný

l'ami / l'ennemi

priateľ / nepriateľ

plein / vide

plný / prázdny

dur / souple

tvrdý / mäkký

lourd / léger

ťažký / ľahký

faim / soif

hlad / smäd

malade / sain

chorý / zdravý

illégal / légal

nelegálny / legálny

intelligent / stupide

inteligentný / hlúpy

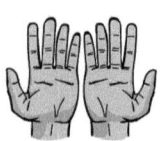

gauche / droite

vľavo / vpravo

proche / loin

blízko / ďaleko

nouveau / usé

nový / použitý

rien / quelque chose

nič / niečo

vieux / jeune

starý / mladý

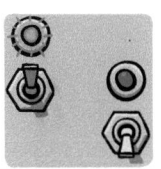
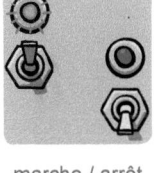

marche / arrêt

zapnuté / vypnuté

ouvert / fermé

otvorené / zatvorené

faible / fort

tichý / hlasný

riche / pauvre

bohatý / chudobný

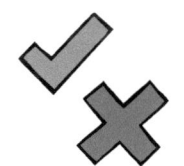

correct / incorrect

správne / nesprávne

rugueux / lisse

drsný / hladký

triste / heureux

smutný / šťastný

court / long

krátky / dlhý

lent / rapide

pomaly / rýchlo

mouillé / sec

mokrý / suchý

chaud / froid

teplý / studený

la guerre / la paix

vojna / mier

0
zéro

nula

1
un / une

jeden

2
deux

dva

3
trois

tri

4
quatre

štyri

5
cinq

päť

6
six

šesť

7
sept

sedem

8
huit

osem

9
neuf

deväť

10
dix

desať

11
onze

jedenásť

12
douze
dvanásť

13
treize
trinásť

14
quatorze
štrnásť

15
quinze
pätnásť

16
seize
šestnásť

17
dix-sept
sedemnásť

18
dix-huit
osemnásť

19
dix-neuf
devätnásť

20
vingt
dvadsať

100
cent
sto

1.000
mille
tisíc

1.000.000
le million
milión

les nombres - čísla

l'anglais

angličtina

l'anglais américain

americká angličtina

le chinois mandarin

mandarínska čínština

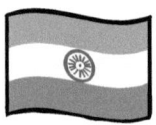

le hindi

hindčina

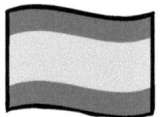

l'espagnol

španielčina

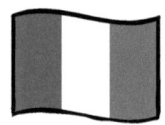

le français

francúzština

l'arabe

arabčina

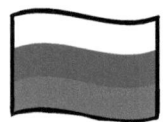

le russe

ruština

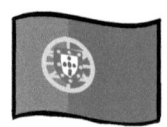

le portugais

portugalčina

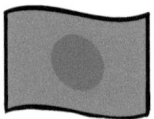

le bengali

bengálčina

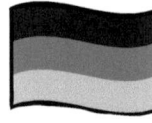

l'allemand

nemčina

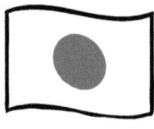

le japonais

japončina

je

ja

tu

ty

il / elle / ce, c', cela

on/ona/ono

nous

my

vous

vy

ils / elles

oni

Qui ?

kto?

Quoi ?

čo?

Comment ?

ako?

Où ?

kde?

Quand ?

kedy?

le nom

meno

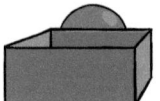

derrière

za

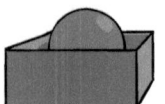

dans

v

devant

pred

au-dessus

nad

sur

na

en-dessous

pod

à côté de

vedľa

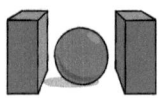

entre

medzi

le lieu

miesto